LES **7** HABITUDES EXPRESS

Autres titres chez FranklinCovey

The 7 Habits of Highly Effective People
(Les 7 Habitudes de ceux qui réalisent tout ce qu'ils entreprennent)

The 7 Habits of Highly Effective Families
(Les 7 Habitudes des familles heureuses)

The 7 Habits of Highly Effective Teens
(Les 7 Habitudes des ados bien dans leur peau)

The 7 Habits of Happy Kids
(Les 7 Habitudes des enfants heureux)

The 4 Disciplines of Execution
(Les 4 Disciplines de l'exécution)

The 5 Choices (Les 5 Choix)

The 8th Habit (La 8ème Habitude)

The Leader in Me (L'Étoffe des leaders)

First Things First (Priorité aux priorités)

Management Mess to Leadership Success
(Management: Du chaos au succès)

Project Management for the Unofficial Project Manager
(Gestion de projet pour le gestionnaire de projet non officiel)

LES **7** HABITUDES EXPRESS

Sagesse intemporelle pour un monde qui change vite

Inspiré par la sagesse de Stephen R. Covey

De Sean Covey

CORAL GABLES

Édition originale : The 7 Habits on the Go: Timeless Wisdom
for a Rapidly Changing World © Tous droits réservés – 2020 par
FranklinCovey

Pour la traduction française : Les 7 Habitudes express: sagesse
intemporelle pour un monde qui change vite © Tous droits réservés –
2022 par Éditions Mango/Mango Publishing Group, une division de
Mango Media, Inc. (Coral Gables, FL)

Couverture : Jermaine Lau
Conception et mise en page : FranklinCovey
Traduction : Laure Valentin et M.J. Fievre

NOTE AUX LECTEURS

Dans certains cas, les gens ou les compagnies dont il est question
dans ce livre sont des exemples dérivés des expériences de l'auteur,
mais ne concernent pas une personne ou organisation particulière.

Pour informations, écrivez à :
FranklinCovey Co.
2200 W. Parkway Blvd.
Salt Lake City, UT 84119
Att: Annie Oswald

Pour des informations sur les rabais spéciaux sur les achats en gros,
veuillez contacter les Éditions Mango : sales@mango.bz

Bibliothèque du Congrès/Library of Congress : 2022930696
ISBN : (p) 978-1-64250-824-6 (e) 978-1-64250-825-3
Codes BISAC : BUS107000, BUSINESS & ECONOMICS/Personal Success

Imprimé aux États-Unis

« *On ne peut pas vivre avec le changement sans avoir, à l'intérieur de soi, des principes inébranlables.* »

—Stephen R. Covey

Table des matières

HABITUDE 3 : DONNEZ LA PRIORITÉ AUX PRIORITÉS

DE LA VICTOIRE PRIVÉE À LA VICTOIRE PUBLIQUE

HABITUDE 4 : PENSEZ GAGNANT/GAGNANT

HABITUDE 5 : CHERCHEZ D'ABORD À COMPRENDRE, ENSUITE À ÊTRE COMPRIS

HABITUDE 6 : PROFITEZ DE LA SYNERGIE

HABITUDE 7 : AIGUISEZ VOS FACULTÉS

BONUS

Avant-propos

Depuis près de vingt-cinq ans que je travaille pour FranklinCovey, leader mondial dans le domaine de la formation, je suis toujours étonné de constater que les gens de par le monde se réfèrent au livre phare de notre cofondateur, le docteur Stephen R. Covey – *Les 7 Habitudes de ceux qui réalisent tout ce qu'ils entreprennent* – en modifiant son titre : « Les 7 habitudes du succès » ou encore « Les 7 habitudes d'un bon leader »... Pour ceux qui se trompent dans le titre, la différence peut sembler sans importance, mais en réalité, ce n'est pas par hasard que le docteur Covey a choisi d'évoquer les habitudes de ceux qui réalisent tout ce qu'ils entreprennent.

Tout le travail du docteur Covey avait pour but de renforcer l'efficacité de chacun. Il est donc primordial de ne pas perdre de vue cette notion essentielle : l'intention et le soin qu'il mettait dans sa passion et sa transmission, afin d'aider les gens à devenir plus efficaces, non seulement eux-mêmes, mais également dans leurs interactions sociales.

Les trois premières habitudes abordent l'efficacité dans notre vie personnelle. Elles concernent la « victoire privée », la victoire sur nous-mêmes : la maîtrise de nos propres comportements, attitudes, priorités, missions et objectifs. Les trois habitudes suivantes portent sur nos interactions. La « victoire publique », quant à elle, concerne nos relations interpersonnelles, en tant que parents, conjoints, dirigeants, amis, collègues ou encore voisins. Enfin, la dernière habitude traite du renouvellement et englobe toutes les autres.

Ma grande révélation au sujet des 7 habitudes, c'est la différence qu'établit le docteur Covey entre l'efficience et l'efficacité. C'est une distinction importante qui devrait être claire pour tout le monde – la différence entre un état d'esprit efficient et un état d'esprit efficace.

J'ai toujours été une personne très efficiente. Tous ceux qui me connaissent savent que je me lève tôt, à 4 heures du matin, pour écrire des articles et travailler sur les chapitres de mes livres. J'aime aussi dresser des listes. Par exemple, tous mes samedis sont placés sous le signe de l'efficience. À 9 heures, j'ai déjà lavé mes voitures, fait un saut à la quincaillerie pour acheter des fournitures de jardinage, tondu la pelouse et pris une douche. Je suis fin prêt à commencer ma journée. La plupart des gens s'accordent à me qualifier d'hyper productif. J'aime faire les choses rapidement et en grande quantité, méthode qui m'a plutôt bien réussi dans la majeure partie des domaines de ma vie, y compris dans ma carrière.

N'allez pas croire que je désapprouve l'efficience. Non, c'est une excellente qualité dans la vie. De nombreuses personnes aux parcours couronnés de succès sont d'ailleurs très efficaces. On peut l'être dans ses réunions, avec ses protocoles, dans l'envoi de ses textos et de ses e-mails, ou encore dans sa façon de sortir les poubelles ou de tondre la pelouse. Il existe diverses manières d'être efficient. Le problème, c'est que j'ai intégré ce paradigme d'efficience – un état d'esprit d'efficience, en quelque sorte – et que durant la majeure partie de ma vie, je l'ai reproduit dans mes relations personnelles comme professionnelles, avec bien souvent des résultats médiocres.

Les 7 habitudes ont été une révélation pour moi : on ne peut pas être efficient dans ses relations. Dans son livre, le docteur Covey explique que les personnes efficaces n'essaient pas d'être efficientes dans leurs relations. Il y a un temps pour chaque chose. Pour moi, la plus grande leçon à tirer des 7 habitudes, c'est savoir faire la distinction entre les moments où il faut faire preuve d'un état d'esprit d'efficacité et les moments où c'est un état d'esprit d'efficience qui prévaut. Je pense que l'une des plus grandes citations du docteur Covey est la suivante : « Dans les relations humaines, la lenteur fait gagner du temps et la rapidité en fait perdre. » Il faut ralentir, prendre son temps et écouter avec empathie afin d'établir des relations durables marquées par une grande confiance.

En tant que leader, formel ou informel, chaque fois que quelqu'un vient vous voir pour vous parler d'un problème, essayez d'envisager de fermer votre ordinateur portable, de retirer vos lunettes, d'éteindre votre téléphone et de vous consacrer pleinement à la personne assise ou debout en face de vous. L'idée selon laquelle ce sont les personnes qui constituent l'atout le plus précieux d'une entreprise est une erreur. C'est absolument faux. Ce ne sont pas les personnes, mais les relations entre ces personnes, qui constituent la culture de votre entreprise et votre véritable atout vis-à-vis de la concurrence.

Je vais le répéter, on ne peut pas être efficient avec les gens. Voilà quelle a été ma plus grande leçon. J'ai bien conscience d'avoir essayé d'appliquer mon principal talent – mon efficience – à tout et n'importe quoi, pour finalement réaliser : « Oh, c'est peut-être pour cela que certaines de mes relations ne fonctionnent pas bien ou que j'ai des conflits dans ma vie. C'est peut-être pour cela que certains me trouvent parfois trop sec, impoli ou détaché. » Avant de lire l'ouvrage du docteur Covey, je ne comprenais pas que mon talent dans un domaine particulier de ma vie pouvait en réalité être un handicap dans un autre domaine. Cela m'empêchait de développer des relations profondes et basées sur la confiance. En devenant mari et père, j'ai fini par comprendre que toute relation enracinée dans un état d'esprit d'efficacité était beaucoup plus durable, bénéfique, réciproque et pleine de sens.

Alors, qu'est-ce que j'aimerais que les lecteurs retirent de cette version du livre qui a changé ma vie ? Disons que, de nos jours, tout le monde essaie d'être le plus productif possible. Notre monde rapide nous impose d'être multitâches et nous sommes nombreux à en faire plus qu'il n'est possible ou raisonnable de faire. Les 7 Habitudes express part du principe que tout le monde n'a pas la capacité ni le temps de lire ou de relire l'intégralité du texte. Ce format est donc l'occasion de reprendre certaines des idées essentielles que le docteur Covey avait l'art de condenser par des phrases courtes, expressions percutantes et citations, pour vous faire bénéficier d'un guide de référence facile et rapide d'accès, tout aussi approfondi que l'original. *Les 7 Habitudes express* mise tout sur son aspect pratique. Il s'agit d'une approche plus légère pour accéder aux mêmes principes déterminants, dans un format facile à lire et à adopter.

J'espère que ce livre vous aidera à prendre conscience que les éléments les plus importants de votre vie sont enracinés dans vos relations et qu'il faut toujours veiller à privilégier l'efficacité sur l'efficience dans ses rapports avec les autres.

———————————

SCOTT JEFFREY MILLER

Auteur de *Management, du chaos au succès*

———————————

Les 7 Habitudes express

Introduction

Bienvenue dans *Les 7 Habitudes express : sagesse intemporelle pour un monde qui change vite*. Au cours de la semaine, du mois ou de l'année à venir – quel que soit le temps que vous souhaitez consacrer à ce parcours –, je vous invite à sortir de votre zone de confort, à bouleverser vos paradigmes, à améliorer et à réparer vos relations et, de manière plus générale, à devenir une personne plus efficace, à la fois sur le plan personnel et professionnel.

Vous vous dites sans doute : « Mais oui, bien sûr, Sean. J'ai tant de choses à faire en ce moment que, de toute façon, je n'ai pas de temps à consacrer à autre chose. » Eh bien, c'est justement la raison pour laquelle nous avons créé ce livre. Il va droit au but, il est rapide et efficace. Prenez simplement quelques minutes par jour pour en lire un passage, puis posez-vous la question de la semaine (prenez sincèrement le temps d'y penser) et relevez le défi. Le secret pour une véritable amélioration ne consiste pas à opérer des bouleversements radicaux du jour au lendemain, mais à réaliser de mini-victoires pour soi au quotidien. Si vous consacrez quelques minutes par jour à essayer d'être meilleur que la veille, alors vous atteindrez vos objectifs.

Chaque jour, offrez-vous quelques instants pour méditer sur ces paroles de sagesse tirées du best-seller international *Les 7 Habitudes de ceux qui réalisent tout ce qu'ils entreprennent* écrit par mon père, Stephen R. Covey.

Ce manuel est peut-être court, mais les leçons qu'il contient n'en sont pas moins pertinentes. Chaque page vous enseigne un principe essentiel de l'efficacité, vous pose un défi et encourage votre réflexion avec une citation encourageante.

Si vous êtes du genre à brûler les étapes, c'est parfait. Faites-le à votre rythme. Vous pouvez lire en attendant le taxi, dans la file d'attente d'une administration ou encore pendant le téléchargement d'un film. Quoi qu'il en soit, persévérez et vous verrez, vous ne le regretterez pas.

Le meilleur moyen de prendre votre vie en main, c'est de vous faire une promesse et de vous y tenir. En vous lançant dans cette aventure et en suivant ce processus simple, en faisant des promesses que vous tiendrez – à vous-même, mais également aux autres –, vous augmenterez votre capacité à surmonter les défis du quotidien, au travail comme à la maison. N'oubliez jamais que c'est par de petites choses qu'on réalise les grandes.

Je vous souhaite un excellent parcours.

_____

SEAN COVEY
Auteur de *Les 7 Habitudes des ados bien dans leur peau* et
Les 4 Disciplines de l'exécution

_____

Les 7 Habitudes express

LES 7 HABITUDES EXPRESS

LES HABITUDES :

Introduction

Définissez l'efficacité

☐ Dressez une liste de quelques éléments que vous souhaiteriez changer pour devenir plus efficace. Gardez cette liste à portée de main tout en relevant les différents défis de ce guide.

Demandez-vous:

Qu'est-ce qui compte le plus pour moi dans ma vie professionnelle et dans ma vie personnelle ?

En changeant votre concentration, vous changerez aussi votre impact. Orientez les projecteurs sur ce qui compte dans votre vie et dressez la liste des prochaines étapes vers des changements positifs dans ces domaines.

« Si vous appliquez ne serait-ce que l'une des 7 habitudes dès aujourd'hui, alors vous constaterez des résultats immédiats. Mais c'est l'aventure de toute une vie, la promesse de toute une vie. »

—Stephen R. Covey

Soyez un modèle d'excellent caractère

- [ ] Pensez à une personne dotée d'un excellent caractère.
- [ ] Définissez votre philosophie de vie en quelques principes.
- [ ] Lesquels de ces principes souhaiteriez-vous appliquer ?
- [ ] Faites quelque chose aujourd'hui pour vivre selon ces principes.

Ai-je donné la priorité aux solutions rapides au détriment de mon caractère ?

Tout comme la cime d'un arbre, c'est notre personnalité que les gens voient en premier. Même si notre apparence, notre maîtrise technique et nos compétences peuvent exercer une influence sur notre réussite, la véritable source d'efficacité durable réside dans un caractère fort. Ce sont les racines.

« Ceux qui fondent leur existence sur l'éthique du caractère ont des racines solides et profondes. Ils résistent au stress du quotidien et ne cessent de grandir et de progresser. »

—Stephen R. Covey

Vérifiez vos paradigmes

☐ Décrivez en cinq mots votre ressenti
à propos d'un aspect important
de votre vie.

☐ Que vous apprennent ces mots sur
votre paradigme ?

☐ Identifiez en quoi votre paradigme
doit changer si vous voulez atteindre
vos objectifs.

Mes paradigmes sont-ils exacts ?

Les paradigmes sont notre façon de voir, de comprendre et d'interpréter le monde – notre carte mentale.

« Si vous voulez opérer des changements mineurs dans votre vie, travaillez sur votre comportement. Mais si vous voulez réaliser des progrès significatifs, alors travaillez sur vos paradigmes. »

—Stephen R. Covey

HABITUDE 1 :

Soyez proactif

Prenez la responsabilité de votre vie. Vous n'êtes pas la victime de vos gènes, de votre environnement ou de votre éducation. Vivez à partir de votre cercle d'influence.

Faites une pause entre le stimulus et la réaction

☐ Pensez à la journée qui vous attend et imaginez quelque chose qui pourrait vous faire réagir spontanément.

☐ Décidez dès maintenant ce que vous pouvez faire pour être proactif.

Demandez-vous :

Comment réagir de manière proactive la prochaine fois que je serai confronté à une situation chargée en émotions ?

Les personnes réactives laissent les influences extérieures contrôler leurs réactions.

En revanche, les personnes proactives font une pause et prennent le temps de choisir leur réaction en fonction de leurs principes et des résultats escomptés.

« Il existe un intervalle entre le stimulus et la réaction, et la clé de notre croissance et de notre bonheur réside dans la façon dont nous utilisons cet intervalle. »

—Stephen R. Covey

Devenez un agent de transition

- ☐ Réfléchissez aux modèles négatifs qui vous ont peut-être été transmis – une mauvaise habitude, une attitude négative, etc.
- ☐ En quoi cela vous affecte-t-il ?
- ☐ Entreprenez quelque chose aujourd'hui pour rompre avec ce modèle.

Demandez-vous :

Qui a joué pour moi le rôle d'agent de transition ? Quelle influence a-t-il exercée sur ma vie ?

Un agent de transition se détourne des comportements malsains, abusifs ou infructueux et transmet des habitudes saines qui renforcent et édifient les autres.

« Vos gènes, votre éducation et votre environnement vous influencent, mais ils ne vous déterminent pas. »

—Stephen R. Covey

Proscrivez le langage réactif

☐ Essayez de passer toute une journée sans employer de langage réactif du type « je ne peux pas », « je dois » ou « tu me tapes sur les nerfs ».

Demandez-vous :

Mes choix de mots font-ils de moi une victime ?

Un vocabulaire réactif est la preuve que vous vous considérez comme une victime des circonstances extérieures et non comme une personne proactive et autonome.

« Le vocabulaire réactif pose un grave problème, car il devient une prophétie auto-réalisatrice. Les gens... se victimisent et sentent que tout leur échappe, ils ne sont pas maîtres de leur vie ou de leur destin. Ils reprochent leur propre situation à des forces extérieures à eux – aux autres, à leur environnement et même aux étoiles. »

—Stephen R. Covey

Utilisez un langage proactif

☐ Aujourd'hui, faites l'effort conscient de commencer vos phrases par :
« Je choisis de... »
« Je vais faire... »
« Je peux faire... »

Demandez-vous :

Qu'est-ce qui change chez moi quand j'utilise un langage proactif ?

Notre façon de parler indique dans quelle mesure nous nous considérons comme des personnes proactives. L'usage d'un vocabulaire proactif nous aide à nous sentir plus capables et nous donne le pouvoir d'agir.

« Je ne suis pas le produit de mon contexte de vie. Je suis le produit de mes décisions. »

—Stephen R. Covey

Réduisez votre cercle de préoccupation

☐ Pensez à un problème ou à une initiative qui vous occupe en ce moment.

☐ Dressez la liste de tout ce qui relève de votre cercle de préoccupation... puis lâchez prise.

Demandez-vous :

Combien de temps et d'énergie est-ce que je consacre en pure perte à des choses qui ne dépendent pas de moi ?

Votre cercle de préoccupation comprend tout ce qui vous préoccupe, mais que vous ne pouvez pas contrôler. Plus vous vous concentrerez là-dessus, moins vous aurez de temps et d'énergie à consacrer à ce que vous pouvez réellement influencer.

« Soyez une lumière, pas un juge. Soyez un modèle, pas un critique. »

—Stephen R. Covey

Élargissez votre cercle d'influence

- ☐ Pensez à un défi important auquel vous êtes confronté.
- ☐ Dressez la liste de tout ce qui relève de votre contrôle.
- ☐ Déterminez ce que vous allez entreprendre aujourd'hui.

Demandez-vous :

Mon cercle d'influence a-t-il tendance à se réduire ou à s'élargir ?

Votre cercle d'influence comprend tous les éléments sur lesquels vous exercez une influence directe. En vous concentrant sur son contenu, vous étendez vos connaissances et votre expérience. Par conséquent, votre cercle d'influence grandit.

« Les personnes proactives concentrent leurs efforts sur leur cercle d'influence. Leur énergie est positive, elle s'étend et prend de l'ampleur. »

—Stephen R. Covey

Vivez une journée de manière proactive

☐ Dès que vous avez tendance à devenir réactif aujourd'hui, faites appel à l'une des quatre facultés – conscience de soi, conscience éthique, volonté indépendante et imagination. Essayez d'utiliser chacune d'entre elles tout au long de la journée.

Qu'est-ce qui pourrait affecter ma proactivité aujourd'hui ?

Les personnes proactives sont la « force créatrice de leur propre existence ». Elles choisissent leur propre chemin et assument la responsabilité des résultats obtenus. Les personnes réactives, à l'inverse, se considèrent comme des victimes.

« Chaque être humain possède quatre facultés – la conscience de soi, la conscience éthique, la volonté indépendante et l'imagination créatrice. C'est ce qui nous donne la liberté humaine suprême : le pouvoir de choisir. »

—Stephen R. Covey

Sachez dès le départ où vous voulez aller

Définissez vos valeurs, votre mission et vos objectifs de vie. Menez votre vie en fonction de votre propre vision.

Définissez les résultats avant d'agir

☐ Dans votre planning du jour, choisissez une tâche personnelle et une tâche professionnelle. Écrivez votre objectif pour chacune d'elles.

Demandez-vous :

En quoi mes résultats sont-ils différents quand je commence avec un résultat clairement défini ?

Tout est créé deux fois : d'abord, par une création mentale, puis par une création physique. Avant d'agir, commencez par avoir une idée claire de ce que vous souhaitez réaliser.

« Il est incroyablement facile de travailler de plus en plus durement pour gravir l'échelle de la réussite et découvrir trop tard qu'elle est appuyée contre le mauvais mur. »

—Stephen R. Covey

Fêtez ses 80 ans

☐ Imaginez la fête de votre 80e anniversaire. Écrivez ce que vous aimeriez que chacun de vos proches dise de vous et de l'impact que vous avez eu sur sa vie.

☐ Que pourriez-vous faire cette semaine pour en faire une réalité ?

Demandez-vous :

Quel héritage ai-je envie de laisser ?

Pour être efficient, il faut prendre le temps de définir l'héritage que l'on souhaite laisser dans ses relations et dans ses rôles les plus importants.

« Chacun de nous aspire intérieurement à mener une existence noble, à apporter sa pierre à l'édifice – à compter vraiment, à faire une différence. »

—Stephen R. Covey

Affinez votre énoncé de mission

☐ Rédigez ou ajustez votre énoncé de mission personnelle. Assurez-vous qu'il :
- soit fondé sur des principes.
- clarifie ce qui importe le plus pour vous.
- propose une direction et un objectif.
- représente ce qu'il y a de meilleur en vous.

Quelle est la vision puissante de mon avenir ?

Votre déclaration de mission définit vos valeurs et vos priorités absolues. C'est le résultat à atteindre dans votre vie, que vous devez toujours garder en tête. Ainsi, vous construirez vous-même votre avenir au lieu de le laisser aux mains d'autres personnes ou aux circonstances extérieures.

« Votre déclaration de mission vous donne la notion inaltérable de qui vous êtes. »

—Stephen R. Covey

Repensez
une relation

- ☐ Prenez le temps d'écrire où vous voulez aller dans une relation importante dans votre vie.

- ☐ Faites quelque chose aujourd'hui pour en faire une réalité.

Dans la semaine qui vient, comment vais-je prendre soin de cette relation importante à mes yeux ?

En se concentrant sur l'efficience, on néglige parfois les personnes qui comptent vraiment pour nous. Mais la véritable efficacité vient de l'impact que nous avons les uns sur les autres.

« Combien nos vies sont différentes une fois que nous avons compris ce qui compte vraiment à nos yeux. »

—Stephen R. Covey

Partagez votre énoncé de mission

☐ Aujourd'hui, partagez votre énoncé de mission avec une personne de confiance – un ami ou un membre de votre famille. Demandez-lui de vous aider à l'affiner.

Quelles personnes dans ma vie ma mission personnelle concerne-t-elle le plus ?

Vous n'êtes pas le seul concerné par votre énoncé de mission. Vos proches aussi peuvent bénéficier de vos objectifs, de vos valeurs et de votre vision.

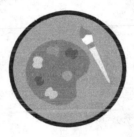

« Dans la vie, nous détectons nos missions plus que nous ne les inventons. »

Viktor Frankl

Équilibrez vos différents rôles

- ☐ Identifiez l'un de vos rôles les plus importants – associé, professionnel, parent, voisin, etc. – que vous auriez tendance à négliger.

- ☐ Faites quelque chose aujourd'hui pour mieux jouer ce rôle.

Demandez-vous :

Est-ce que je me laisse absorber par un rôle au détriment des autres ?

En nous efforçant de remplir tous nos rôles déterminants, nous mettons parfois trop de concentration sur un rôle spécifique (souvent lié au travail) et c'est le déséquilibre.

« L'un des principaux écueils que rencontrent tous ceux qui essaient de devenir plus efficaces, c'est de… perdre le sens de la mesure, de l'équilibre… ils risquent de négliger les relations les plus précieuses de leur vie. »

—Stephen R. Covey

Donnez la priorité aux priorités

Établissez des priorités dans vos activités et concentrez-vous sur ce qui compte le plus. Passez plus de temps dans le quadrant 2 : les choses importantes, mais non urgentes.

Fixez votre objectif

- ☐ Penchez-vous sur un objectif qui vous occupe ou choisissez-en un nouveau. Définissez les résultats à atteindre. À quoi ressemble la réussite ?

- ☐ Dans votre agenda, programmez les activités nécessaires pour atteindre votre objectif.

Demandez-vous :

Quelle est la chose que je peux faire qui, si je la fais régulièrement, aurait un impact positif énorme dans ma vie ?

Vos objectifs doivent refléter vos valeurs les plus profondes, votre talent unique et la mission que vous avez choisie. Un objectif efficace donne un sens et un but à votre quotidien et se traduit dans vos activités de chaque jour.

« Le bonheur peut être défini en partie comme le fruit du désir et de la capacité de sacrifier ce que nous voulons maintenant à ce que nous voulons pour plus tard. »

—Stephen R. Covey

Faites un bon usage de votre temps

☐ En début de journée, utilisez la matrice du temps pour estimer le nombre d'heures que vous passerez dans chaque quadrant.

☐ En fin de journée, notez le nombre d'heures que vous avez réellement passées dans chaque quadrant.

☐ Êtes-vous satisfait de votre emploi du temps ? Qu'y aurait-il à améliorer ?

Demandez-vous :

Dans quel quadrant est-ce que je passe la plupart de mon temps ? Quelles en sont les conséquences ?

La matrice de gestion du temps définit les activités en fonction de leur urgence et de leur importance.

	URGENT	NON URGENT
IMPORTANT	**Q1** NÉCESSITÉ Crises Réunions d'urgence Échéances de dernière minute Problèmes urgents Événements imprévus	**Q2** EFFICACITÉ Travail proactif Objectifs importants Pensée créative Prévision et prévention Construction de relations Apprentissage et renouvellement Récréation
SANS IMPORTANT	**Q3** DISTRACTION Interruptions inutiles Rapports inutiles Réunions superflues Petits problèmes des autres E-mails, tâches, appels, courrier sans importance, etc.	**Q4** GASPILLAGE Travail insignifiant Activités d'évasion Temps de relaxation, de télévision, de jeu, sur internet excessif Pertes de temps Ragots

« La clé n'est pas de donner la priorité à ce qui figure dans votre planning, mais de planifier vos priorités. »

—Stephen R. Covey

Préparez-vous pour le Quadrant 1

- ☐ Choisissez une urgence récente dans le Quadrant 1.
- ☐ Demandez-vous comment mieux l'éviter ou la prévenir à l'avenir.

Combien de crises pourraient être évitées avec un peu de préparation ?

Le Quadrant 1 représente ce qui est à la fois urgent et important. Il concerne tout ce qui exige une attention immédiate. Nous avons tous des activités du Quadrant 1 dans notre vie, mais certains se laissent complètement accaparer par ces activités.

« Nous consacrons souvent trop de temps à ce qui est urgent et pas assez à ce qui est important. »

—Stephen R. Covey

Vivez dans le Quadrant 2

- ☐ Choisissez une activité du Quadrant 2 qui pourrait avoir un impact important dans votre vie.

- ☐ Cette semaine, dégagez du temps pour la réaliser.

Quelle activité du Quadrant 2 dois-je mettre en œuvre en priorité ?

Plus on est efficace, plus on passe de temps dans le Quadrant 2 :

- · Travail proactif
- · Objectifs importants
- · Pensée créative
- · Prévision et prévention
- · Construction de relations
- · Apprentissage et renouvellement
- · Récréation

« Le plus important est de maintenir le plus important à la place la plus importante. »

—Stephen R. Covey

Planifiez
votre semaine

- ☐ Trouvez un endroit calme pour vous consacrer à votre planning pendant 20 à 30 minutes.

- ☐ Concentrez-vous sur votre mission, vos rôles et vos objectifs.

- ☐ Choisissez une ou deux « gros rochers » pour chaque rôle et planifiez-les dans votre agenda.

- ☐ Organisez le reste de vos tâches, rendez-vous et activités autour de ces « gros rochers ».

Demandez-vous :

Quelle est la ou les deux choses les plus importantes que je peux faire dans ce rôle cette semaine ?

Les personnes efficaces prennent le temps de planifier chaque semaine avant qu'elle ne commence. Vos objectifs, vos rôles et les activités du Quadrant 2 constituent vos « gros rochers » – prévoyez-les en priorité, puis le « gravier » des tâches secondaires se glissera autour d'elles.

« Si vous me demandiez une seule pratique qui aiderait plus que toute autre à équilibrer votre vie et à augmenter votre productivité, ce serait celle-ci : planifier votre semaine... avant que la semaine ne commence. »

—Stephen R. Covey

Restez intègre au moment du choix

☐ Pensez à une situation dans laquelle, au moment de choisir, vous éprouvez des difficultés à rester intègre.

☐ Imaginez une tactique à utiliser pour vous concentrer sur vos priorités du Quadrant 2 à ce moment-là.

Demandez-vous :

Qu'est-ce qui m'empêche de respecter mes « gros rochers » ? Quel est mon ressenti chaque fois que je cède aux pressions et que je néglige mes véritables priorités ?

Notre caractère se révèle au moment de choisir entre nos priorités du Quadrant 2 et les pressions du moment. Nous sommes efficients dès lors que nous alignons nos choix sur notre mission, nos rôles et nos objectifs.

« Au fil de votre semaine... des choses urgentes, mais de moindre importance, menaceront de prendre le dessus sur les activités importantes du Quadrant 2 que vous avez planifiées. Usez de votre libre arbitre et restez intègre envers ce qui compte vraiment. »

—Stephen R. Covey

Éliminez ce qui n'est pas important

- ☐ Dressez une liste des distractions et de ce qui vous fait perdre du temps.
- ☐ Entourez l'élément le plus coupable.
- ☐ Faites quelque chose aujourd'hui pour l'éliminer ou le réduire.

Demandez-vous :

Combien de temps est-ce que je passe dans les Quadrants 3 et 4 ? Qu'est-ce qu'il m'en coûte ?

Les Quadrants 3 et 4 sont chronophages, ce sont des activités qui vous prennent du temps sans jamais vous le rendre.

« Il faut décider quelles sont ses plus grandes priorités et avoir le courage – avec bienveillance, mais franchise – de dire 'non' au reste. Pour y parvenir, il faut avoir un 'oui' encore plus grand qui vous anime. »

—Stephen R. Covey

Tenez vos engagements

☐ Pensez à un objectif important sur lequel vous n'avez pas fait de progrès.

☐ Imaginez la plus petite action possible que vous puissiez entreprendre pour atteindre cet objectif.

☐ Tenez votre engagement quoi qu'il arrive. La semaine suivante, fixez-vous un objectif un peu plus grand.

Ai-je la certitude que je respecterai les engagements que je prends envers moi-même ?

La plupart de nos objectifs sont de véritables défis – sinon, nous les aurions déjà atteints ! Si nous souhaitons atteindre un objectif et ne cessons pas de le remettre à plus tard, cela peut engendrer de la frustration.

« Faites-vous une petite promesse et tenez-la ; puis une plus grande, et une autre encore plus grande. En fin de compte, votre sens de l'honneur surmontera vos humeurs. »

—Stephen R. Covey

De la victoire privée à la victoire publique

Bâtissez votre Compte Affectif avec les autres

- ☐ Identifiez une relation importante qui aurait besoin d'être réparée.
- ☐ Citez trois dépôts que vous pourriez faire.
- ☐ Citez trois retraits que vous devriez éviter.

Ai-je conscience de ce qui constitue des retraits et des dépôts pour les personnes importantes dans ma vie ?

Le Compte Affectif symbolise le degré de confiance qui existe dans une relation. Les dépôts construisent et réparent la confiance. Les retraits la détériorent.

« Dans les relations, les petites choses sont souvent les plus grandes. »

—Stephen R. Covey

Présentez des excuses

☐ Excusez-vous auprès de quelqu'un à qui vous avez causé du tort. Demandez-vous ce que vous pourriez faire pour réparer les dégâts.

Demandez-vous :

Qui pourrait attendre des excuses de ma part ?

Présenter ses excuses après avoir commis une
erreur ou blessé quelqu'un permet de rétablir
rapidement un Compte Affectif à découvert. Cela
exige un certain courage.

« Pour reconstruire des relations abîmées,
il faut d'abord sonder son propre cœur
pour y découvrir ses propres responsabilités
et fautes. »

—Stephen R. Covey

Pardonnez

☐ Si vous avez été blessé et en souffrez encore, prenez conscience que cette autre personne a des faiblesses tout comme vous.

☐ Pardonnez-lui.

Est-ce que je porte le fardeau des paroles ou des actes de quelqu'un d'autre ?

Nous avons tous été blessés, à un moment donné, par les paroles ou les actes irréfléchis de quelqu'un d'autre.

« Chaque fois que nous pensons que le problème est 'ailleurs', c'est cette pensée même qui constitue le problème. »

—Stephen R. Covey

HABITUDE 4 :

Pensez gagnant/ gagnant

Dans chaque chose, faites en
sorte que tout le monde y gagne.
Réjouissez-vous des réussites
des autres.

Considérez les victoires des autres au même titre que les vôtres

☐ Identifiez une relation importante qui pourrait bénéficier d'une réflexion de type Gagnant/Gagnant.

☐ Notez vos victoires et celles de l'autre. Vous ignorez ce qu'il ou elle considère comme une victoire ? Alors, posez-lui la question !

Demandez-vous :

Dans quelles relations êtes-vous moins enclin à penser sur le mode Gagnant/Gagnant ? Quels avantages y aurait-il à considérer les victoires de l'autre ?

Quand on est efficace, on accorde autant d'importance aux victoires des autres qu'aux siennes. On prend le temps d'identifier ce qui constitue une victoire pour soi comme pour les autres.

« Le Gagnant/Gagnant n'est pas une technique, c'est une philosophie complète des interactions humaines. C'est un état d'esprit et de cœur qui recherche un bénéfice mutuel dans toutes les interactions. Le Gagnant/Gagnant considère la vie comme un lieu de coopération et non de compétition. »

—Stephen R. Covey

Fuyez l'état d'esprit de pénurie

☐ Dressez la liste des domaines de votre vie dans lesquels vous faites preuve d'un état d'esprit de pénurie (en d'autres termes : il n'y a pas assez d'amour, d'argent, d'attention ou de ressources à partager).

☐ Interrogez-vous sur l'origine de cet état d'esprit de pénurie.

En quoi l'état d'esprit de pénurie m'empêche-t-il d'obtenir de meilleurs résultats ?

L'état d'esprit de pénurie vous pousse à vous comparer, à vivre en compétition et à vous sentir menacé par les autres au lieu de travailler avec eux en vue d'obtenir de meilleurs résultats.

« La plupart des gens sont profondément ancrés dans l'état d'esprit de pénurie. Ils considèrent que ce que la vie peut offrir est très limité, comme s'il n'y avait qu'un seul gâteau. Si quelqu'un obtient une grosse part, alors c'est cela de moins pour tous les autres. »

—Stephen R. Covey

Cultivez un état d'esprit d'abondance

☐ Décrivez les actions que vous allez faire pour penser de manière plus abondante : valorisez vos forces et celles des autres, cessez de vous comparer et partagez vos ressources.

Demandez-vous :

Ai-je la conviction qu'il y en aura assez pour tout le monde ?

Avec un état d'esprit d'abondance, on ne se sent pas menacé par la réussite des autres, parce qu'on est convaincu de sa propre valeur.

« L'état d'esprit d'abondance découle d'un profond sentiment intérieur de valeur et de sécurité personnelles. C'est le paradigme selon lequel il y a de tout en abondance, et bien assez pour tout le monde. »

—Stephen R. Covey

Équilibrez courage et considération

- [ ] Identifiez un problème pour lequel vous aimeriez avoir plus de courage. Écrivez votre point de vue, puis partagez vos idées et vos opinions avec assurance.

- [ ] Identifiez une situation dans laquelle vous devez faire preuve de plus de considération. Faites un effort pour reconnaître les autres, ne pas les interrompre et vous assurer que chacun et chacune a la possibilité de se faire entendre.

Demandez-vous :

Y a-t-il des relations dans lesquelles vous manquez de courage ou de considération ? Quelles en sont les conséquences ?

Pour être efficace, il faut être courageux. Il faut vouloir et pouvoir exprimer ses pensées avec respect. Il faut également se montrer prévenant, désireux et capable de s'intéresser aux réflexions et aux ressentis des autres, à les écouter avec respect.

« Être capable d'exprimer ses sentiments et ses convictions avec un courage équilibré par les sentiments et les convictions des autres, c'est une preuve de maturité, surtout si le sujet est important pour les deux parties. »

—Stephen R. Covey

Concluez un accord Gagnant/ Gagnant

- ☐ Identifiez une relation qui pourrait bénéficier d'un accord Gagnant/ Gagnant. Écrivez ce qui constituerait une victoire pour cette personne – ou demandez-le-lui.
- ☐ Notez vos propres victoires.
- ☐ Passez un accord de type Gagnant/Gagnant.

Demandez-vous :

Quelle est mon intention quand je négocie avec les autres ? Est-ce que je m'engage à un accord de type Gagnant/Gagnant ?

Dans un accord Gagnant/Gagnant, les personnes s'engagent à travailler dans l'intérêt des deux parties. Les accords de type Gagnant/Gagnant peuvent être formels ou informels et sont conclus dans n'importe quelle relation ou circonstance.

« Un accord n'a pas grande importance dans les faits, sans le caractère et les relations qui le sous-tendent dans l'esprit. Il faut aborder le modèle Gagnant/Gagnant avec un authentique désir d'investir dans les relations qui le rendront possible. »

—Stephen R. Covey

Reconnaîssez le mérite des autres

☐ Identifiez une personne qui mérite d'être reconnue pour ce qu'elle a fait ou qui vous a aidé à accomplir quelque chose. Reconnaissez, en privé ou en public, la contribution de cette personne.

Demandez-vous :

Récemment, qui m'a aidé à accomplir quelque chose ? L'ai-je remerciée ?

Pour beaucoup, la reconnaissance publique ou privée est une grande victoire. Il est possible d'instaurer la confiance et de renforcer ses relations en partageant tout mérite avec générosité.

« C'est incroyable tout ce que l'on peut accomplir quand on ne se soucie pas de savoir à qui en reviendra le mérite. »

—Harry S. Truman

Cherchez d'abord à comprendre, ensuite à être compris

Écoutez vous-même avec empathie avant de chercher à être écouté.

Pratiquez l'écoute empathique

- ☐ Aujourd'hui, exercez-vous à écouter pour comprendre.

- ☐ Essayez de refléter les sentiments des autres et le contenu de leur message. Retenez-vous de les interrompre, de leur donner des conseils ou de les juger.

Demandez-vous :

Les personnes qui m'entourent ont-elles l'impression que je les comprends vraiment ?

Écouter avec empathie, c'est aller au cœur de ce qui compte pour l'autre, que l'on soit d'accord ou pas. Écouter avec empathie, c'est écouter avec l'intention de comprendre. En réaction, on reflète les sentiments et les mots de l'autre.

« Après la survie humaine, le principal besoin de l'être humain est la survie psychologique – être compris, accepté, validé et apprécié. »

—Stephen R. Covey

Ouvrez votre cœur

☐ Identifiez une personne que vous
n'écoutez pas avec une réelle attention
et demandez-lui en toute simplicité :
« Comment vas-tu ? » Ouvrez votre cœur
et pratiquez l'écoute empathique. Vous
serez surpris de ce que vous découvrirez.

Demandez-vous :

Est-ce que j'écoute vraiment ceux que j'aime ?

Dans les moments où l'émotion est vive, concentrez-vous sur votre intention sans vous soucier d'apporter la bonne réponse.

« Lorsque vous écoutez sincèrement le point de vue d'une autre personne et que vous lui renvoyez cette compréhension, vous lui donnez une bouffée d'oxygène affectif. »

—Stephen R. Covey

Évitez
l'écoute
autobiographique

☐ Pensez à un moment où l'on vous a
écouté avec compréhension et respect.
Qu'avez-vous ressenti ?

Demandez-vous :

Est-ce que j'écoute avec l'intention de répondre ou avec l'intention de comprendre ?

L'écoute autobiographique consiste à filtrer ce que disent les autres par le prisme de sa propre histoire. Au lieu de se concentrer sur la personne qui parle, on attend simplement de pouvoir apporter son propre point de vue.

« Écoute, de peur que ta langue ne te rende sourd. »

—Proverbe amérindien

Cherchez à être compris

☐ Réfléchissez à une présentation ou à une communication persuasive que vous devez donner dans un avenir proche.

☐ Assurez-vous d'abord de comprendre le point de vue des autres.

☐ Exercez-vous à donner votre opinion avec courage et considération pour celles des autres.

Demandez-vous :

Est-ce que je parle d'une façon qui montre que je comprends l'autre ? Est-ce que je partage mon point de vue clairement ?

Chercher à comprendre constitue la seconde moitié d'une communication efficace. Une fois certains que les autres se sentent compris, nous pouvons alors partager notre opinion avec respect et clarté.

« Quand vous présentez clairement vos propres idées, dans le cadre d'une compréhension profonde des paradigmes et des préoccupations de l'autre, vous augmentez la crédibilité de vos idées. »

—Stephen R. Covey

Pratiquez la communication empathique dans le monde numérique

- ☐ La prochaine fois que vous emploierez un outil de communication numérique dans le cadre d'un échange chargé en émotions, essayez d'employer l'une de ces méthodes :
  - · Laissez l'autre personne finir d'exprimer ses pensées avant de répondre.
  - · Reflétez ses sentiments et ses paroles avant d'exprimer les vôtres.
  - · Énoncez clairement votre intention : soyez précis.

Comment écouter avec empathie dans le cadre d'une conversation par textos, par téléphone ou par messagerie ?

Une communication efficace, dans le monde numérique, fait appel aux mêmes intentions et compétences que dans une communication en face à face. Le défi réside souvent dans la bonne lecture et la transmission de ces intentions en dépit de l'outil.

« L'empathie est la forme de communication humaine la plus rapide. »

—Stephen R. Covey

Profitez de la synergie

Accordez de la valeur aux différences et encouragez les, et vous accomplirez plus que vous ne pourriez le faire tout.e seul.e.

Apprenez des différences

- ☐ Choisissez un problème politique ou social qui vous tient à cœur.

- ☐ Mettez vos opinions personnelles de côté.

- ☐ Identifiez quelques personnes et interrogez-vous sur leur point de vue. Écoutez-les pour bien comprendre.

- ☐ Notez au moins trois nouvelles perspectives que vous avez dégagées grâce à cet exercice.

Que puis-je apprendre des personnes avec lesquelles je suis en désaccord ?

Nous avons tous la possibilité de nous enrichir par les expériences, les points de vue et la sagesse des autres. Les différences peuvent être une source d'apprentissage plutôt que de conflit.

« Ceux qui manquent de confiance en eux ont besoin de calquer leur propre pensée sur les autres. Ils n'ont pas compris que la force même d'une relation réside dans la divergence des points de vue. L'uniformité est souvent stérile et ennuyeuse. »

—Stephen R. Covey

Résolvez les problèmes grâce à la synergie

☐ Identifiez une personne (ou un groupe) avec qui aborder un problème auquel vous êtes confronté.e.

☐ Demandez-lui : « Peux-tu m'aider à trouver des idées auxquelles je n'aurais pas encore pensé ? »

☐ Prenez quelques minutes pour y réfléchir. Quelles idées pouvez-vous utiliser ?

Demandez-vous :

Quel problème me semble insurmontable si je dois l'affronter seul ?

Vous n'êtes pas toujours obligé.e de trouver toutes les réponses par vous-même. Face à un problème, la synergie peut faire émerger des idées que vous n'auriez jamais trouvées tout seul.

« Seuls, nous pouvons faire bien peu ; ensemble, nous pouvons faire beaucoup. »

—Helen Keller

Cherchez une troisième alternative

- ☐ Observez l'une de vos prochaines réunions et demandez-vous s'il y a de la synergie ou non.

- ☐ Pensez à un problème qui aurait tout à gagner de la mise en œuvre d'une synergie. Servez-vous-en pour rechercher une troisième alternative.

Demandez-vous :

À quel moment suis-je plus susceptible de me contenter d'un compromis ? À quel moment la synergie se produit ? Quelle différence puis-je observer ?

La synergie dépend de la volonté de rechercher une troisième alternative. Ce n'est ni « à ma façon » ni « à ta façon », mais quelque chose de supérieur encore, de meilleur. C'est quelque chose qu'aucun n'aurait pu trouver tout seul.

« Qu'est-ce que la synergie ? On peut la définir simplement par l'idée que le tout est supérieur à la somme de ses parties. Avec la synergie, un plus un peut être égal à dix, cent ou même mille ! »

—Stephen R. Covey

Accordez de la valeur aux différences

☐ Identifiez une personne avec laquelle vous n'êtes pas d'accord et dressez la liste de ses points forts.

☐ À chaque désaccord, dites : « Super ! Tu vois les choses différemment. J'ai envie de t'écouter. »

Est-ce que je connais les forces propres aux personnes avec lesquelles je vis et je travaille ? Quelles sont les relations dans lesquelles je tolère les différences plutôt que de leur accorder de la valeur ?

La synergie se base sur la valeur que nous accordons aux différences. Nous sommes efficaces lorsque nous acceptons et accordons de la valeur aux différences plutôt que de les rejeter ou de les tolérer de loin. Les différences des autres deviennent des forces et non plus des faiblesses.

« L'essence même de la synergie consiste à accorder de la valeur aux différences – à les respecter, à s'appuyer sur les forces et à compenser les faiblesses. »

—Stephen R. Covey

Évaluez votre ouverture à la différence

- ☐ Citez quelques différences qui ressortent de vos relations : âge, politique, style, etc.

- ☐ Notez ce que vous pourriez faire pour mieux accorder de la valeur à ces différences.

Suis-je prêt à apprendre des différences ?

Notre paradigme nous pousse souvent à croire que nous sommes objectifs, contrairement aux autres. Pour être efficace, il faut avoir l'humilité de reconnaître les limites de ses propres perceptions.

« Pour accorder de la valeur aux différences, il est primordial de prendre conscience que les gens voient le monde non pas tel qu'il est vraiment, mais tel qu'ils sont. »

—Stephen R. Covey

Enlevez les barrières

- ☐ Pensez à un objectif sur lequel vous travaillez.
- ☐ Identifiez les obstacles auxquels vous êtes confronté.e.
- ☐ Trouvez quelqu'un qui vous aidera à réfléchir aux moyens de surmonter ces obstacles.

Demandez-vous :

En ce moment, quel obstacle me semble insurmontable si je dois l'affronter seul.e ?

En abordant un problème avec la volonté de créer une synergie, vous trouverez de nouveaux moyens de surmonter vos difficultés.

« Quand vous utilisez la synergie [...], vous débloquez [les forces restrictives], vous vous en détachez et vous créez de nouvelles perspectives. »

—Stephen R. Covey

Bénéficiez de la force des autres

- ☐ Dressez la liste de vos amis les plus proches, des membres de votre famille et de vos collègues.
- ☐ Énumérez les forces de chacun.
- ☐ Pourriez-vous associer l'une de ces forces à un défi auquel vous êtes confronté.e ?

Demandez-vous :

Que pourrais-je faire pour mieux bénéficier des forces des autres dans ma vie ?

Les forces des autres nous entourent, mais bien souvent, nous n'en bénéficions pas.

« En vous limitant à vos propres expériences, vous souffrez constamment d'un manque de données. »

—Stephen R. Covey

HABITUDE 7 :

Aiguisez vos facultés

Rechargez constamment
vos batteries dans les quatre
dimensions : corps, mental, esprit
et cœur.

Accomplissez votre victoire privée quotidienne

- ☐ Écrivez une liste de choses à faire pour un renouvellement au quotidien. En quoi pouvez-vous vous améliorer ?

- ☐ Consacrez du temps au renouvellement dans votre planning de la semaine prochaine.

<u>Demandez-vous :</u>

Est-ce que je consacre du temps chaque jour au renouveau de mon corps, de mon mental, de mon cœur et de mon esprit ?

La victoire privée quotidienne – les habitudes de chaque jour visant à renouveler le corps, le mental, le cœur et l'esprit – est la clé pour développer toutes les 7 habitudes.

« Aucune heure ne sera mieux employée qu'au service de la victoire privée quotidienne. Elle affectera chaque décision, chaque relation. Elle améliorera considérablement la qualité et l'efficacité des autres heures de la journée. »

—Stephen R. Covey

Renforcez votre corps

☐ Choisissez un moyen de renforcer vos aptitudes physiques cette semaine :
- Réglez votre alarme... pour l'heure du coucher.
- Trouvez une façon de bouger qui vous motive.
- Ajoutez un nouvel élément à votre programme sportif : endurance, souplesse ou force.

Demandez-vous :

Quelle nouvelle pratique me permettrait d'améliorer ma force et ma résistance ?

Le renouvellement physique consiste à prendre soin de son corps – par une alimentation saine, un sommeil adéquat et de l'exercice régulier.

« Nous pensons souvent que nous manquons de temps pour faire du sport. Quelle erreur de paradigme ! Au contraire, nous n'avons pas le temps de ne pas en faire. »

—Stephen R. Covey

Renouvelez votre esprit

☐ Choisissez un moyen de renforcer votre capacité spirituelle cette semaine :
- · Peaufinez votre énoncé de mission personnelle.
- · Passez du temps dans la nature.
- · Écoutez ou jouez de la musique.
- · Faites du bénévolat dans votre communauté.

Suis-je centré sur mes valeurs ?

La spiritualité est un domaine de la vie très privé et extrêmement important. Elle puise aux sources qui vous inspirent et vous élèvent.

« La dimension spirituelle est votre noyau dur, votre centre, votre engagement envers votre système de valeurs. »

—Stephen R. Covey

Aiguisez votre mental

☐ Choisissez un moyen de renforcer votre
   capacité mentale cette semaine :
   - Tenez un journal pour noter
     vos pensées.
   - Lisez un classique de la littérature.
   - Consacrez du temps à un loisir.

Demandez-vous :

Sur le plan mental, est-ce que je démarre la semaine du bon pied ?

Après la fin des études, un grand nombre d'entre nous laissent leur esprit s'atrophier. Pourtant, l'apprentissage est essentiel pour le renouvellement mental.

« Il n'existe pas de meilleur moyen régulier pour alimenter et ouvrir son esprit que l'habitude de lire de la bonne littérature. »

—Stephen R. Covey

Habitude 7 : Aiguisez vos facultés

Développez votre cœur

☐ Choisissez un moyen de renforcer vos capacités sociales et émotionnelles cette semaine :

- Invitez un ami ou une amie à dîner.
- Pardonnez à quelqu'un.
- Envoyez un message à un ami ou une amie dont vous êtes sans nouvelles depuis quelque temps.

Demandez-vous :

Qui pourrais-je contacter cette semaine ?

Notre vie émotionnelle se développe essentiellement – mais pas exclusivement – au travers de nos relations avec les autres.

« Toucher l'âme d'un autre être humain, c'est marcher en terre sainte. »

—Stephen R. Covey

Prenez du temps pour vous

☐ Accordez-vous trente minutes rien que pour vous aujourd'hui. Trouvez une activité qui vous déstresse et pratiquez-la.

Les urgences du quotidien empiètent-elles sur mon temps de renouvellement ?

Le renouvellement est une activité du Quadrant 2. Il faut être proactif dans ce domaine.

« C'est notre investissement le plus puissant dans la vie : l'investissement en soi-même. »

—Stephen R. Covey

Domptez votre technologie

☐ Aujourd'hui, prenez une initiative pour réduire les distractions liées à la technologie :

- Désactivez vos alertes.
- Ne consultez les réseaux sociaux qu'une seule fois dans la journée.
- Ne laissez jamais vos appareils interrompre une conversation.
- Éteignez vos appareils chaque fois que vous travaillez sur vos « gros rochers ».

Demandez-vous :

Mon usage de la technologie se fait-il au détriment de mes objectifs et de mes relations les plus importants ?

Nos appareils sont souvent la source suprême de toutes nos urgences. Nous avons peut-être l'impression d'être productif en répondant à chaque message, mais la plupart du temps, c'est une pure distraction.

« En dépit de tous nos efforts pour mieux gérer notre temps, pour faire plus, pour être plus et pour atteindre une efficacité optimale grâce aux merveilles de la technologie moderne, comment se fait-il que nous nous noyions si souvent dans un verre d'eau ? »

—Stephen R. Covey

Bonus

Créez votre énoncé de mission personnelle

« À quel point nos vies sont différentes
une fois que nous avons compris ce qui
compte vraiment à nos yeux et qu'avec
cette image à l'esprit, nous parvenons
chaque jour à être et à faire ce qui compte
le plus. »

—Stephen R. Covey

Alors que je réfléchissais aux bonus à ajouter à ce livre, je me suis demandé : « Qu'est-ce qui aura la plus grande influence sur mes lecteurs et leur avenir ? » Et puis, je me suis rappelé une histoire que ma collègue, Annie, m'a racontée un jour :

> « J'ai enseigné les 7 habitudes dans une université publique régionale pendant quelques années. Quelle expérience incroyable j'ai vécue en aidant ces jeunes, ainsi que des étudiants moins jeunes et aux parcours divers, à comprendre le pouvoir des habitudes, des objectifs et des principes. J'étais leur enseignante, mais aussi leur amie, et à ce titre

j'étais curieuse de connaître l'impact du cours et des habitudes sur mes étudiants. Je voulais savoir ce qui les concernait le plus et quel aspect s'était avéré le plus profitable pour eux. Alors, j'ai ajouté à tout hasard une question bonus à l'examen final. Je voulais donner aux étudiants l'occasion de partager leurs retours en toute honnêteté – d'ailleurs, chaque examen devrait inclure une question bonus, non ? À partir du moment où l'on passe un examen, on ne devrait pas pouvoir échouer à toutes les questions.

Ma dernière question était donc : 'Quelle est votre habitude préférée et pourquoi ?'

J'ai été très surprise de constater qu'une majorité écrasante d'étudiants avait choisi l'habitude 2 : Sachez dès le départ où vous voulez aller. Les raisons étaient diverses et variées, mais un élément récurrent est apparu : c'était la première fois que la plupart de mes étudiants élaboraient un parcours pour leur avenir. Certains, mais pas tous, avaient prévu leur cursus universitaire, ce qu'ils voulaient étudier et la profession qu'ils souhaitaient exercer, mais beaucoup étaient simplement à l'université parce que c'était ce que l'on attendait d'eux. Environ 99 % de mes étudiants n'avaient aucune vision de leur vie, aucun but, aucun désir de contribution spécifique, aucune mission.

J'ai été ébahie, par la suite, quand semestre après semestre, mes étudiants ont exprimé la même idée en fin de session : 'Maintenant, j'ai enfin un but et ma vie a un sens.'

Si cela m'a étonnée, je pense que c'est parce que j'avais moi-même défini mes objectifs de vie à un jeune âge – j'ignore ce qui m'a poussée à me concentrer sur mes objectifs, toujours est-il que je l'avais fait et j'en avais déduit que c'était le cas pour tout le monde. »

Cette expérience n'est sûrement pas unique. De nombreuses personnes n'ont jamais défini avec précision la contribution qu'ils veulent apporter dans l'existence ni quel sera leur objectif ultime. Voilà pourquoi il m'a semblé important de proposer un moyen d'y remédier. Même si vous avez déjà établi vos objectifs de vie, comme Annie, cet exercice pourrait vous encourager à rester sur la bonne voie. Après tout, qui sait ? Vos objectifs pourraient même changer.

N'hésitez pas à vous inspirer de ces réflexions et de ces idées. Au fil de votre lecture, posez-vous les questions suivantes :

- Ai-je défini mon but dans la vie ?
- Suis-je conscient.e de ce que je suis le seul/ la seule à pouvoir faire (et que les autres ne peuvent ou ne veulent pas faire) ?

- Qu'ai-je envie d'être dans la vie, quel genre de personne ?
- Quels sont les principes et les valeurs qui me dirigeront au quotidien ?
- Quel sera mon héritage ?

Utilisez tout ce que vous avez appris dans ce manuel pour élaborer votre énoncé de mission et devenir le plus efficace possible. Ne l'oubliez pas, votre efficacité peut changer le monde.

LE RÉDACTEUR

« Écrire ou modifier votre énoncé de mission vous change en profondeur, vous obligeant à réfléchir attentivement à vos priorités et à aligner votre comportement sur vos convictions. Au fur et à mesure, les autres commenceront à sentir que ce n'est pas ce qui se produit autour de vous qui vous dirige. »

—Stephen R. Covey

Visualisez votre héritage

Avant de passer au questionnaire d'aide à l'élaboration d'un énoncé de mission, prenez le temps de lire ces quelques pages à l'écart, dans un endroit où vous pourrez être seul.e sans être interrompu.e. Videz votre esprit de tout le reste et concentrez-vous sur ce que vous allez lire et ce que je vais vous inviter à faire.

. . .

Imaginez que vous assistiez aux funérailles d'un proche. Vous voyez les visages des amis et de la famille. Vous ressentez le chagrin commun qui irradie du cœur des personnes présentes.

Alors que vous vous dirigez vers l'avant de la salle et regardez l'intérieur du cercueil, vous vous retrouvez soudain face à face avec vous-même. Ce sont vos funérailles. Tous ces gens sont venus pour vous rendre hommage. En attendant que l'office commence, vous consultez le programme et constatez qu'il y aura quatre intervenants.

Le premier est issu de votre famille. Le deuxième est l'un de vos amis. Le troisième vous connaissait par le travail. Le quatrième par votre communauté.

Maintenant, réfléchissez bien. Que voudriez-vous que chacun de ces intervenants dise de vous et de votre vie ?

« Si vous réfléchissez attentivement à ce que vous voudriez que l'on dise de vous lors de vos funérailles, vous trouverez votre définition du succès. »

Si vous avez participé sérieusement à cette visualisation, vous avez abordé pendant un moment certaines de vos valeurs les plus profondes et fondatrices. Vous avez établi un bref contact avec votre système de guidage intérieur.

...

Sachez dès le départ où vous voulez aller consiste à comprendre votre destination. Vous devez savoir où vous allez afin de mieux comprendre où vous en êtes maintenant et faire en sorte que chacun de vos pas soit toujours dans la bonne direction. Voici ce que j'ai écrit à propos de cette habitude :

« L'habitude 2, Sachez dès le départ où vous voulez aller, consiste à se faire une idée claire de ce que vous voulez accomplir dans la vie. Pour cela, il faut décider quelles sont vos valeurs et vous fixer des objectifs. Si l'habitude 1 vous rappelle que vous êtes aux commandes de votre propre vie, l'habitude 2 vous propose de décider où vous souhaitez vous rendre et de dresser une carte pour y parvenir. »

À quel point nos vies sont différentes une fois que nous avons compris ce qui compte vraiment à nos yeux et qu'avec cette image à l'esprit, nous parvenons chaque jour à être et à faire ce qui compte le plus.

Chacun de nous occupe un certain nombre de rôles différents dans la vie – des secteurs ou des compétences assortis de responsabilités. Par exemple, je peux jouer un rôle en tant qu'individu, mari, père, enseignant et homme d'affaires. Et chacun de ces rôles est important.

L'un des principaux écueils que rencontrent les gens quand ils s'efforcent de devenir plus efficaces, c'est qu'ils pensent trop étroitement. Ils perdent le sens des proportions, de l'équilibre, de l'écologie naturelle nécessaire à une vie efficiente. Ils peuvent être submergés par le travail et négliger leur santé personnelle. Au nom de leur réussite professionnelle, ils peuvent négliger les relations les plus précieuses de leurs vies.

Vous constaterez peut-être que votre énoncé de mission est bien plus équilibré et qu'il est plus facile d'y travailler si vous le décomposez en fonction des rôles spécifiques de votre vie et des objectifs que vous souhaitez atteindre pour chacun d'eux.

...

En élaborant votre mission en fonction de vos principaux rôles, vous faciliterez l'équilibre et l'harmonie. Ainsi, chaque rôle sera toujours clairement établi. Vous pourrez les revoir fréquemment et vous assurer de ne pas être totalement absorbé.e par un rôle à l'exclusion des autres pourtant tout aussi importants, voire plus.

Après avoir identifié vos différents rôles, vous pouvez vous pencher sur les objectifs à long terme que vous souhaitez atteindre dans chaque domaine. Quand vous faites appel à l'imagination, la créativité, la conscience et l'inspiration, vous êtes dans le cerveau droit. Si vos objectifs découlent d'un énoncé de mission fondé sur des principes justes, alors ils seront fondamentalement différents des objectifs que les gens se fixent habituellement. Ils seront en harmonie avec les principes justes et les lois naturelles, et vous bénéficierez d'un plus grand pouvoir pour les atteindre. Ce ne sont pas les objectifs de quelqu'un d'autre que vous vous êtes appropriés. Ce sont vos propres objectifs. Ils reflètent vos valeurs les plus intrinsèques, votre talent unique, la mission qui vous anime.

« Je pense que chacun d'entre nous dispose d'un guide ou d'une boussole interne, une conscience qui nous permet de percevoir notre propre singularité et les contributions spécifiques que nous pouvons apporter au monde. »

Un objectif efficace se concentre sur les résultats plutôt que sur l'activité en elle-même. Il vous permet de déterminer où vous souhaitez vous rendre et vous aide à établir où vous vous trouvez.

Les rôles et les objectifs organisent la structure et la direction de votre mission personnelle. Si vous n'avez pas encore d'énoncé de mission personnelle, c'est un bon point de départ. Identifiez avant toute chose les différents domaines de votre vie et les deux ou trois résultats importants que vous pensez devoir obtenir dans chacun d'eux pour pouvoir avancer. Vous aurez ainsi une perspective globale de votre vie et une certaine orientation.

STEPHEN R. COVEY

...

L'outil de FranklinCovey pour créer votre énoncé de mission personnelle vous aidera à créer un énoncé de mission unique et personnalisé. Pour y accéder en ligne, rendez-vous sur : https://msb.franklincovey.com.

En avant !

Enoncé de mission : le questionnaire

Étape 1 : La performance

1) Mon idée du meilleur, c'est...

2) Mon idée du pire, c'est...

Étape 2 : La passion

1) Qu'est-ce que j'aime vraiment faire dans le cadre du travail ?

2) Qu'est-ce que j'aime vraiment faire dans ma vie personnelle ?

Étape 3 : Les talents

1) Mes talents naturels et mes dons sont : (par exemple : art, musique, prise de décision, amitié, etc.)

Étape 4 : L'imagination

Si j'avais du temps et des ressources illimités, et si j'avais la certitude de ne jamais échouer, qu'est-ce que je ferais ?

1) Je...

Étape 5 : La vision

Imaginez votre vie comme une épopée dont vous seriez le héros/l'héroïne. D'après vous, quel est l'objet de votre quête ? Complétez l'énoncé suivant en décrivant ce que vous faites, pour qui, pourquoi et quels sont les résultats escomptés.

1) L'épopée de ma vie est...

Étape 6 : Le caractère

1) Imaginez la fête d'anniversaire de vos 80 ans. Qui sera présent à vos côtés ? Quel hommage aimeriez-vous que l'on vous rende ?

Étape 7 : La contribution

1) D'après moi, quelle doit être ma contribution la plus importante auprès de ceux qui comptent le plus dans ma vie ?

Étape 8 : La conscience

1) Y a-t-il certaines choses que j'ai la conviction profonde de devoir faire ou changer, même si j'en ai souvent rejeté la notion ? De quoi s'agit-il ?

Étape 9 : L'influence

Imaginez que vous puissiez inviter à dîner les trois personnes qui vous ont le plus influencé – dans le passé ou le présent. Écrivez leurs noms dans les cases ci-dessous. Puis notez la qualité ou la caractéristique que vous admirez le plus chez ces personnes.

1) Nom :

1) Caractéristique :

2) Nom :

2) Caractéristique :

3) Nom :

3) Caractéristique :

Étape 10 : L'équilibre

Considérez l'équilibre comme un état d'épanouissement et de renouvellement dans chacune des quatre dimensions : corps, esprit, mental et coeur. Quel est la chose la plus importante que vous puissiez faire dans chacun de ces domaines et qui aura l'impact positif le plus fort sur votre vie en vous aidant à atteindre une impression d'équilibre ?

1) Corps :

2) Esprit :

3) Mental :

4) Cœur :

Au fil des années, votre situation évoluera, vos priorités changeront, tout comme vos objectifs et vos aspirations. Ce n'est pas grave, car le changement signifie que vous grandissez. À mesure que vous évoluez, que vous changez et ouvrez vos horizons, accordez-vous la liberté d'étendre et d'affiner votre énoncé de mission.

En attendant, vous pouvez vous féliciter du travail accompli. Parlez à vos amis des nouveaux objectifs que vous avez établis pour votre vie.

L'étape suivante consiste à apprendre comment incarner sa mission. Cela peut vous paraître facile, mais vous aurez peut-être besoin d'aide. Nous sommes là pour vous aider. Pour en savoir plus sur nos cours et formations, visitez : www.franklincovey. com/tc/publicworkshops.

La vie est un voyage. Et votre énoncé de mission en est la carte.

Missions et objectifs : quelques citations inspirantes

« Votre énoncé de mission devient votre constitution, l'expression solide de votre vision et de vos valeurs. Il devient le critère à l'aune duquel vous mesurez tout le reste de votre vie. »

—Stephen R. Covey

« Il n'y a pas de vent favorable pour celui qui ne sait où il va ! »

—Sénèque

« Ma mission dans la vie n'est pas simplement de survivre, mais de prospérer, et de le faire avec passion, compassion, un peu d'humour et un certain style. »

—Maya Angelou

« Si vous êtes proactif, vous n'avez pas besoin d'attendre que les circonstances extérieures ou les autres vous apportent l'occasion d'élargir vos perspectives. Vous pouvez délibérément créer vos propres occasions. »

—Stephen R. Covey

« Le leadership personnel n'est pas une expérience unique. Il ne commence pas et ne se termine pas avec la rédaction d'un énoncé de mission personnelle. Il s'agit plutôt d'un processus continu qui consiste à garder votre vision et vos valeurs à l'esprit et à aligner votre vie sur ces éléments les plus importants. »

—Stephen R. Covey

« Restez concentré sur la mission. »

—Naveen Jain

« Voici un test pour savoir si votre mission sur cette terre est terminée : si vous êtes vivant, ça signifie qu'elle ne l'est pas. »

—Richard Bach

« Un énoncé de mission ne s'écrit pas du jour au lendemain. Cela demande une profonde introspection, une analyse minutieuse, une formulation réfléchie et souvent de nombreuses réécritures avant d'en obtenir la forme finale. Il peut vous falloir plusieurs semaines, voire plusieurs mois, avant de sentir qu'il s'agit enfin de l'expression complète et concise de vos valeurs et aspirations les plus intimes. »

—Stephen R. Covey

« 'Pourriez-vous me dire, s'il vous plaît, dans quelle direction je dois partir d'ici ?'

'Cela dépend beaucoup de l'endroit où vous voulez vous rendre', répondit le chat.

'Je me fiche de savoir où...' dit Alice.
'Dans ce cas, peu importe votre chemin', conclut le chat. »

—Lewis Carroll, Alice au pays des merveilles

« J'ai toujours été inspirée par les femmes et ma mission était d'inspirer les femmes. J'ai toujours voulu devenir un certain type de femme et je suis devenue cette femme à travers la mode. C'était un dialogue. J'ai remarqué que la robe portefeuille donnait confiance à ces femmes et qu'elles se comportaient avec assurance. »

—Diane von Furstenberg

« À quel point nos vies sont différentes une fois que nous avons compris ce qui compte vraiment à nos yeux et qu'avec cette image à l'esprit, nous parvenons chaque jour à être et à faire ce qui compte le plus. »

—Stephen R. Covey

« Un énoncé de mission personnelle est comme un arbre aux racines profondes. Il est stable et n'oscille pas au gré du vent, mais il est vivant et ne cesse de grandir. »

—Sean Covey

« Plus votre mission sera importante, plus vous serez inspiré. »

—Ryuho Okawa

« Le leadership personnel n'est pas une expérience unique. Il ne commence pas et ne se termine pas avec la rédaction d'un énoncé de mission personnelle. Il s'agit plutôt d'un processus continu qui consiste à garder votre vision et vos valeurs à l'esprit et à aligner votre vie sur ces éléments les plus importants.

—Stephen R. Covey

Pensées positives express

Voici quelques pensées positives qui vous permettront de rester concentré.e sur votre mission et vous rappelleront la puissance des habitudes. En travaillant sur chacune des habitudes, prenez l'une de ces pensées et répétez-la tout au long de la journée. Faites-en votre priorité et vous verrez votre perspective changer.

Habitude 1 : Soyez proactif

Ma capacité à relever tous mes défis est sans limites, mon potentiel de réussite est infini.

Je me réveille chaque matin en étant positif.ve et enthousiaste envers la vie.

Je suis maître de mon destin.

Je suis attentif.ve à mon langage. J'évite le langage réactif.

J'affronte mes échecs à bras-le-corps. Le seul échec est la renonciation. J'apprends de mes échecs.

Je considère la résistance comme un simple obstacle, pas comme un barrage.

J'affronte mes peurs de face. J'en tire des leçons.

J'appuie sur pause et prends le temps de réfléchir avant de réagir à une situation émotionnelle ou difficile.

Habitude 2 : Sachez dès le début où vous allez

Je suis disposé.e à explorer des territoires nouveaux et encore inconnus.

Je suis l'architecte de ma propre vie : je construis ses fondations et j'en choisis le contenu.

Je vis en fonction de ma mission, en suivant mon rythme intérieur. Je serai toujours moi-même et non ce que les autres veulent que je sois.

J'investis mon temps, mes talents, mes capacités et ma vie dans les activités qui vont dans le sens de mon objectif ultime.

Je suis le capitaine de mon propre bateau : je trace mon itinéraire et choisis ma cargaison.

Je me réfère à mon énoncé de mission chaque fois que je dois prendre des décisions importantes dans ma vie.

Je me demande régulièrement : « Est-ce que la vie que je mène me conduit dans la bonne direction ? »

Habitude 3 : Donnez la priorité aux priorités

Mon esprit est stimulé, clair et concentré sur la réalisation de mes objectifs.

C'est par mes objectifs quotidiens que je suis assuré.e d'atteindre mes objectifs à long terme.

Aujourd'hui, je me concentrerai attentivement sur mon travail. Je serai consciencieux.ieuse et attentif.ive tout au long de la journée.

Aujourd'hui, je consacrerai du temps à renforcer mes relations.

Mes rêves deviennent des objectifs, mes objectifs des étapes et mes étapes des actions. Je réalise une action chaque jour.

Je me prépare dès aujourd'hui aux crises de demain.

Je concentre tous mes efforts sur ce que je veux accomplir dans la vie.

Je consacre mon temps à ce qui compte le plus.

Habitude 4 : Pensez Gagnant/Gagnant

J'affronte les situations difficiles avec courage et considération à égale mesure. Je trouverai des solutions même dans les moments difficiles.

En recherchant un accord Gagnant/Gagnant, je me concentre sur les problèmes et non sur les personnalités ou les positions de chacun.

Je me réjouis sincèrement des victoires des autres.

Mon état d'esprit d'abondance découle de mon sentiment intrinsèque de valeur et de confiance en moi.

J'adopte un état d'esprit et de cœur « Gagnant/

Gagnant », en recherchant constamment l'intérêt mutuel dans toute interaction humaine.

Je pratique avec confiance la pensée « Gagnant/Gagnant », comme une habitude de leadership interpersonnel.

Chaque fois que les autres s'inscrivent dans un scénario de type Gagnant/Perdant, j'équilibre courage et considération pour trouver un intérêt mutuel.

Habitude 5 : Cherchez d'abord à comprendre, ensuite à être compris

J'écoute avec attention et sans jugement, afin d'obtenir une compréhension complète de l'autre.

Je choisis de voir les choses du point de vue de l'autre avant de partager le mien.

Le besoin le plus profond du cœur humain est d'être compris.

J'écoute d'abord avec mon cœur et mes yeux, puis avec mes oreilles.

Je témoigne de mon attention et de mon engagement par une écoute empathique.

Je suis attentif au timing et à mon vocabulaire quand je donne mon opinion.

Je fais preuve de patience et de compréhension avec les autres et avec moi-même.

Habitude 6 : Profitez de la synergie

Je résous les problèmes. Je travaille avec les autres pour trouver les meilleures solutions.

J'accorde de la valeur à la diversité et aux différences entre les personnes et les idées.

Dans mes relations personnelles, je cherche à créer un environnement propice à la synergie – un Compte Affectif élevé, une pensée de type « Gagnant/Gagnant » et la compréhension avant tout.

Je m'engage à travailler avec les autres pour créer une meilleure solution.

Je garde l'esprit ouvert aux possibilités de travail en équipe et de communication.

Les bénéfices, la reconnaissance et le succès existent en abondance, il y en a largement assez pour tout le monde

Habitude 7 : Aiguisez vos facultés

Je reste en bonne santé et en forme. J'ai confiance en moi. Mon apparence est en ligne avec mon bien-être intérieur.

Mon cœur est fort et mon esprit clair.

Je recherche l'équilibre dans les quatre dimensions

de ma vie : corps, esprit, mental et coeur.

Je suis calme et détendu.e, source d'énergie pour tout mon être.

La vie est un cercle vertueux d'apprentissage, d'engagement et d'action ; d'apprentissage, d'engagement et d'action ; encore et encore.

Mon corps est une machine merveilleuse. J'en prends soin et je n'en abuse pas.

Je cherche à construire les autres plutôt qu'à les démolir.

Je puise calme et sérénité dans la nature.

J'utilise mon imagination naturelle pour visualiser avec clarté la réalisation de mes objectifs.

Les 7 points clés des 7 habitudes express

Habitude 1 : Soyez Proactif. Prenez la responsabilité de votre vie. Vous n'êtes pas une victime de vos gènes, de votre environnement ou de votre éducation. Vivez à partir de votre cercle d'influence.

Habitude 2 : Sachez dès le départ où vous voulez aller. Définissez vos valeurs, votre mission et vos objectifs. Vivez en fonction de la vision que vous avez établie pour votre propre vie.

Habitude 3 : Donnez la priorité aux priorités. Passez plus de temps dans le Quadrant 2 : important, mais non urgent.

Habitude 4 : Pensez Gagnant/Gagnant. Dans chaque chose, faites en sorte que tout le monde y gagne. Réjouissez-vous des réussites des autres.

Habitude 5 : Cherchez d'abord à comprendre, ensuite à être compris. Écoutez les autres avec empathie, et seulement ensuite, cherchez à vous faire comprendre.

Habitude 6 : Profitez de la synergie. Reconnaissez et accordez de la valeur aux différences, et vous obtiendrez bien plus que vous n'auriez pu tout seul.

Habitude 7 : Aiguisez vos facultés. Rechargez constamment vos batteries dans les quatre dimensions : corps, esprit, mental et coeur.

Stephen R. Covey

Le docteur Stephen R. Covey est décédé en 2012, laissant derrière lui un héritage riche en enseignements sur le leadership, la gestion du temps, l'efficacité, la réussite, l'amour et la famille. Au travers de ses best-sellers vendus à plusieurs millions d'exemplaires, le docteur Covey a toujours eu à cœur d'aider ses lecteurs à identifier les principes qui sous-tendent une efficacité personnelle et professionnelle. Son ouvrage culte, *Les 7 Habitudes de ceux qui réalisent tout ce qu'ils entreprennent*, a transformé la façon dont les gens réfléchissent et agissent sur leurs problèmes, grâce à une méthode puissante, logique et claire.

Autorité internationale en matière de leadership, expert de la famille, enseignant, consultant en entreprise et auteur, il a dispensé ses conseils inspirants à des millions d'auditeurs et de lecteurs. Ses livres se sont vendus à plus de 40 millions d'exemplaires (traduits en 50 langues) et *Les 7 Habitudes de ceux qui réalisent tout ce qu'ils entreprennent* a reçu le titre d'ouvrage sur le monde des affaires le plus influent du vingtième siècle. Le docteur Stephen R. Covey est également l'auteur de *La 3ème Alternative*, *La 8ème Habitude*, *L'Étoffe des leaders*, *Priorité aux priorités* et de nombreux autres titres.

Il était titulaire d'un MBA de Harvard et d'un doctorat de l'Université Brigham Young. Il habitait avec sa femme et sa famille dans l'Utah.

Stephen R. Covey

Le All Access Pass FranklinCovey fournit un accès illimité à nos contenus et solutions haut de gamme, qui vous permet de viser plus loin, d'atteindre vos objectifs professionnels et d'influencer de manière durable les performances de toute votre organisation.

EN TANT QUE DÉTENTEUR DU PASS, VOUS POURREZ :

- Accéder au contenu de classe mondiale de FranklinCovey, quand et où vous le souhaitez, dont *Les 7 Habitudes des gens très efficaces®* : édition signature 4.0, *Diriger à la vitesse de la confiance®* et *Les 5 Choix pour une productivité exceptionnelle®*.

- Certifier vos formateurs en interne pour l'enseignement de nos contenus, faire appel à des consultants FranklinCovey ou employer nos contenus numériques pour aider vos participants à modifier leurs comportements en profondeur grâce au programme dont vous avez besoin.

- Avoir accès à un spécialise en implémentation certifié qui vous aidera à concevoir des parcours percutants pour un changement des comportements.

- Organiser le contenu FranklinCovey en fonction de vos besoins professionnels spécifiques.

- Bâtir une expérience d'apprentissage commune dans toute votre organisation avec nos domaines de contenus fondamentaux, adaptés en 16 langues.

- Rejoindre des milliers d'organisations avec le All Access Pass pour implémenter des stratégies, réduire les écarts opérationnels, augmenter les ventes, stimuler la fidélisation des clients et améliorer l'engagement des employés.

Pour en savoir plus, rendez-vous sur
FRANKLINCOVEY.COM ou appelez le **1-888-868-1776**.

THE ULTIMATE COMPETITIVE ADVANTAGE

À PROPOS DE FRANKLIN COVEY FRANCE

Franklin Covey France a été créée en 2015 et aide les organisations et les entreprises françaises à améliorer leurs performances organisationnelles et leurs compétences en leadership. Nous sommes également responsables de la version française de l'ensemble des solutions FranklinCovey dans le monde de la francophonie et nous attachons une grande importance à apporter notre aide à la francophonie.

Notre expertise en France porte sur six domaines : le leadership, l'exécution, la productivité, la confiance, la performance commerciale et la fidélisation des clients. Parmi les clients de Franklin Covey France figurent plusieurs entreprises du CAC40 et de nombreuses petites et moyennes entreprises et plusieurs milliers d'individus ont déjà suivi nos formations, coachings et parcours de transformation. Découvrez-nous sur www.franklincovey.fr.

Pour plus d'information sur les problématiques que nous pouvons vous aider à résoudre, contactez-nous.

- Burhan Ocakoglu, Président Franklin Covey France / +33 6 24 60 67 46 / burhan.ocakoglu@franklincovey.fr.

- John Leary, Directeur et Associé, Franklin Covey France / +33 6 29 82 30 89 / john.leary@franklincovey.fr

Vous pouvez également nous découvrir sur les réseaux sociaux avec de nombreux témoignages, interviews de leaders d'opinion et études de cas.

- LinkedIn : franklincovey france

- Twitter : @ FranklinCoveyF

- Facebook : franklincovey-france

- Instagram : franklincoveyfrance

- YouTube : chaine FranklinCovey France

THE ULTIMATE COMPETITIVE ADVANTAGE

L'AVANTAGE CONCURRENTIEL ULTIME

FranklinCovey est une société internationale spécialisée dans l'amélioration de la performance des entreprises. Nous aidons les organisations à obtenir des résultats qui nécessitent des changements durables dans le comportement humain.

Notre expertise couvre sept domaines.

LEADERSHIP

Développer des leaders très efficaces qui poussent les autres à atteindre des résultats.

EXÉCUTION

Permettre aux organisations de mettre en place des stratégies qui nécessitent un changement dans le comportement humain.

PRODUCTIVITÉ

Aider les équipes à faire des choix optimaux et à les mettre en œuvre avec brio dans un contexte de priorités concurrentes.

CONFIANCE

Bâtir une culture de la collaboration et de l'engagement basée sur la confiance, avec pour conséquence une plus grande vitesse et des coûts réduits.

PERFORMANCE COMMERCIALE

Transformer la relation acheteur-vendeur en aidant les clients à réussir.

FIDÉLISATION DES CLIENTS

Mener une croissance plus rapide et améliorer la performance de première ligne avec des données précises sur la fidélisation des clients - et des employés.

ÉDUCATION

Aider les écoles à transformer leurs performances en mobilisant le moillour de chaque éducateur et élève.

Fondé en 2014, Mango Publishing publie une liste éclectique d'ouvrages signés par différents auteurs — des plumes nouvelles ou reconnues — sur des sujets variés allant du monde de l'entreprise au développement personnel, au leadership des femmes, aux études LGBTQ, à la santé et à la spiritualité, en passant par l'histoire, la culture populaire, la gestion du temps, l'organisation et le tri, le quotidien, le bien-être mental, le vieillissement et les modes de vie durables. Récemment, en 2019 et 2020, Publishers Weekly nous a attribué le titre de première maison d'édition indépendante à la croissance la plus rapide. Nous devons notre succès à notre objectif premier, publier des ouvrages de grande qualité qui séduisent les lecteurs et améliorent positivement leur vie.

Nos lecteurs sont au centre de nos préoccupations. Vos commentaires, suggestions et idées nous tiennent à cœur, alors n'hésitez pas à communiquer avec nous. Après tout, c'est pour vous que nous publions nos livres !

Merci de nous contacter et de nous suivre sur :

Facebook : Mango Publishing

Twitter : @MangoPublishing

Instagram : @MangoPublishing

LinkedIn : Mango Publishing

Pinterest : Mango Publishing

Newsletter : mangopublishinggroup.com/newsletter

Rejoignez la grande aventure de Mango et participez au renouveau de l'édition, un livre à la fois.